BEI GRIN MACHT SICH IHR WISSEN BEZAHLT

- Wir veröffentlichen Ihre Hausarbeit,
  Bachelor- und Masterarbeit

- Ihr eigenes eBook und Buch -
  weltweit in allen wichtigen Shops

- Verdienen Sie an jedem Verkauf

Jetzt bei www.GRIN.com hochladen
und kostenlos publizieren

Bibliografische Information der Deutschen Nationalbibliothek:

Die Deutsche Bibliothek verzeichnet diese Publikation in der Deutschen National-bibliografie; detaillierte bibliografische Daten sind im Internet über http://dnb.d-nb.de/ abrufbar.

Impressum:

Copyright © 2017 GRIN Verlag, Open Publishing GmbH
Druck und Bindung: Books on Demand GmbH, Norderstedt Germany
ISBN: 9783668590502

Dieses Buch bei GRIN:

http://www.grin.com/de/e-book/383610/die-lebens-und-arbeitsbedingungen-der-textilarbeiter-in-indonesien-welche

Jennifer Hohlen

Die Lebens- und Arbeitsbedingungen der Textilarbeiter in Indonesien. Welche Organisationen setzen sich für bessere Umstände ein?

GRIN Verlag

GRIN - Your knowledge has value

Der GRIN Verlag publiziert seit 1998 wissenschaftliche Arbeiten von Studenten, Hochschullehrern und anderen Akademikern als eBook und gedrucktes Buch. Die Verlagswebsite www.grin.com ist die ideale Plattform zur Veröffentlichung von Hausarbeiten, Abschlussarbeiten, wissenschaftlichen Aufsätzen, Dissertationen und Fachbüchern.

Besuchen Sie uns im Internet:

http://www.grin.com/

http://www.facebook.com/grincom

http://www.twitter.com/grin_com

Facharbeit

Die Lebens- und Arbeitsbedingungen der Textilarbeiter in Indonesien

verfasst von

Jennifer Hohlen

Seminarfach: „Globales Lernen"

Abgabetermin: 20.03.2017

Inhaltsverzeichnis

1. Einleitung

In dieser Facharbeit werden die Arbeits- und Lebensbedingungen der Textilarbeiter in Indonesien erläutert und was für Organisationen sich dafür einsetzen. Dazu wird der Einsturz der Textilfabrik in Bangladesch beschrieben und die Auswirkung von dem Geschehnis. Außerdem werden die Anforderungen der Agenda genannt und welche Arbeitsrechtsverstöße von den Zulieferfabriken begangen werden. Ansätze, wie man selber nachhaltig etwas verändern kann und was Firmen tun sollten, sind auch Teil dieser Facharbeit. Die Kleidung, die in Ländern wie Bangladesch, China, Indien oder Indonesien produziert wird, wird in die ganze Welt verteilt und verkauft. Jeder Mensch, der in Läden einkauft, die unter nicht fairen Bedingungen produzieren, beteiligt sich mit an dem Geschäft der Textilindustrie. Denn alle wollen möglichst günstige Kleidung kaufen. Dabei interessiert es die Leute nicht, unter welchen Bedingungen die Menschen arbeiten müssen. Deswegen ist es wichtig, über das Thema aufzuklären und Organisationen zu unterstützen, damit dieses Problem irgendwann nicht mehr vorhanden ist.

2. Einsturz der Textilfabrik in Bangladesch

2.1 Der Ablauf des Einsturzes

Am 24. April 2013 hat sich ein großes Unglück in einer Textilfabrik ereignet, als das Rana Plaza eingestürzt ist. Das Ganze ist in Sahar passiert, was in der Nähe der bangladeschischen Hauptstadt Dhaka ist.[1] Dieser Unfall hat 1127 Menschen getötet und 2438 verletzt.[2] Das Gebäude hat acht Stockwerke gehabt und ein Neuntes ist in Planung gewesen. Dieser Bau ist zum Teil illegal betrieben worden. Die Arbeiter haben am Vortag Risse in den Wänden bemerkt und dies auch

gemeldet.[3] Die Polizei hat deshalb die Weiterarbeit verboten und das Gebäude gesperrt.[4] Allerdings hat der Besitzer des Gebäudes, Sohel Rana,

---

[1] Vgl. www.publiceye.de
[2] Vgl. www.wikipedia.de
[3] Vgl. www.publiceye.de
[4] Vgl. www.wikipedia.org

wegen Zeitdruck die ArbeiterInnen gezwungen, trotzdem zu arbeiten. Viele von ihnen wären zu Hause geblieben, aber hätten sie das getan, hätte es für den gesamten Monat keinen Lohn mehr gegeben.[5]

Über 3000 Menschen haben sich im Rana Plaza aufgehalten, als das Unglück passierte. Es ist eingestürzt, weil die verwendeten Baumaterialen zu minderwertig waren und die Maschinen zu schwer waren.[6] Ein paar Tage nach dem Einsturz ist Sohel Rana an der Grenze Indiens festgenommen worden. Er und 40 weitere Personen, darunter auch Firmeneigentümer, sind wegen Mordes angeklagt worden.[7] Insgesamt 32 Modefirmen sind identifiziert worden, die ihre Kleidung im Rana Plaza haben nähen lassen.[8] Ein Großteil hat dies aber nicht zugegeben, da sie Angst gehabt haben, dass sie Entschädigungen zahlen müssen und ihr Ruf geschädigt wird.[9] Die Meisten Angehörigen der Toten haben kein oder kaum Geld für die Entschädigung bekommen, weil nicht bewiesen werden konnte, wer dort gearbeitet hat. Papiere oder Unterlagen besitzen die meisten Textilarbeiter nämlich nicht.[10] Einige Leichen sind unter den Trümmern nicht gefunden worden und bis heute nicht geborgen worden. Die letzte Frau ist zweieinhalb Wochen nach dem Einsturz gerettet worden.[11]

2.2 Die Folgen des Einsturzes

Das Unglück hat für eine kurze Zeit die ganze Welt aufhorchen lassen. In Europa ist viel über die Sicherheitsumstände geredet worden, da es dort noch viele Mängel gibt.[12] Außerdem hat es nach einem halben Jahr ein Entschädigungsabkommen namens „Rana Plaza Arrangement" gegeben, wodurch die Angehörigen endlich Geld bekommen. Die Firmen haben sich

---

[5] Vgl.www.youtube.de
[6] Vgl. www.wikipedia.org
[7] Vgl. www.zeit.de
[8] Vgl. www.pupliceye.de
[9] Vgl. www.youtube.de
[10] Vgl. www.pupliceye.de
[11] Vgl. www.youtube.de
[12] Vgl. www.zeit.de

zunächst geweigert und erst im Oktober 2015 ist den Betroffenen ihre Entschädigung gezahlt worden.[13] Eine weitere Veränderung ist das Gebäudesicherheitsabkommen „Accord on Fire and Building Safety in Bangladesh". Es ist von NGO´s, besonders von der Kampagne für saubere Kleidung (CCC), gefordert worden. Dieses Abkommen ist für mehr und bessere Schutz- und Sicherheitsmaßnahmen in den Textilfabriken, um die Missstände dort aufzuheben. Das gibt es schon seit dem Jahre 2011, allerdings haben viele Textilfirmen nicht mitmachen wollen.

Erst im Mai 2013, nach dem Einsturz des Rana Plazas Gebäudes, ist das Gebäudesicherheitsabkommen in Kraft getreten.[14] 4500 Textilfabriken sind auf ihre Sicherheit untersucht worden, wegen den ständigen Bränden und nur 1500 von ihnen sind einigermaßen in Ordnung gewesen.[15] Außerdem sind 18 Textilfabriken geschlossen worden aufgrund der schlechten Bedingungen und noch viele Weitere sollen in Zukunft geschlossen werden. Auch die Proteste und Streiks haben sich seit Rana Plaza verändert. Sie sind nun stärker und gewaltsamer, da die Menschen mehr Lohn haben möchten.[16] Der Mindestlohn ist Ende 2013 zwar von 28 auf 50 Euro bei HelferInnen und von 39 auf 64 Euro bei gelernten NäherInnen erhöht worden, dennoch

reicht das nicht, um die schlechten Lebensbedingungen der TextilarbeiterInnen zu beheben. Denn durch die Erhöhung des Geldes sind auch die Preise für die Firmen gestiegen, wodurch sie mehr zahlen müssen. Dies wollen sie aber nicht und deshalb muss die Produktivität in den Zulieferfabriken erhöht werden.[17] Ein weiteres Problem ist, dass die Textilfirmen aufgrund der Sicherheitsmängel keine Aufträge mehr an die Fabriken aufgeben, wodurch die Besitzer schnell pleitegehen. Die Besitzer würden die Sicherheit in ihren Fabriken gerne verbessern, nur dafür haben sie nicht genug Geld.

---

[13] Vgl. www.pupliceye.de
[14] Vgl. www.pupliceye.de
[15] Vgl. www.spiegel.de
[16] Vgl. www.wikipedia.org
[17] Vgl. www.taz.de

Die Modefirmen wollen sich trotzdem nicht finanziell beteiligen, was dazu führt, dass sich die Mängel in den Fabriken nicht ändern.[18] Insgesamt lässt sich sagen, dass obwohl sich 2 Jahre nach dem Unglück durch vermehrte Inspektionen und Korrekturpläne die Sicherheit etwas verbessert hat, die Mängel und Risiken auch noch 3 Jahre danach zu mehr als zur Hälfte bestehen.[19] Der Einsturz des Rana Plaza Gebäudes in Bangladesch hat zwar Aufmerksamkeit erregt, Dinge wie den Lohn verändert und Abkommen geschaffen, aber es wurden dennoch die grundlegenden Probleme weder gelöst noch beseitigt.

3. Die Arbeits- und Lebensbedingungen der Textilarbeiter in Indonesien

3.1 Der Arbeitsalltag in den Textilfabriken

Der Arbeitsalltag ist sehr anstrengend. Die TextilarbeiterInnen in Indonesien würden 72 Stunden pro Woche arbeiten und würden 50 Kleidungsstücke pro Stunde fertigen müssen. In beispielsweise den Zulieferfabriken von Adidas und Nike habe sich nach 13 Jahren noch nichts

geändert. Die meisten Überstunden würden erzwungen werden und es werde zu Hungerlöhnen gearbeitet. Adidas und Nike würden zwar angeben, es werde nicht mehr als 60 Stunden pro Woche gearbeitet, die Realität sehe aber anders aus. Jeder Zulieferer müsse einen Verhaltenskodex unterschreiben, der unter anderem die Menschenrechte und Arbeitsnormen behandle.[20] 85 indonesische ArbeiterInnen wurden zu diesem Kodex befragt, allerdings hat 80 Prozent nicht einmal gewusst, dass so einer in ihrer Fabrik existiere.[21] Der Arbeitsalltag der IndonesierInnen sei immer von Zeitdruck geprägt und es seien immer die gleichen Arbeitsvorgänge, die sie machen müssen. Da die Vorgaben für die Herstellung sehr groß seien, würden diese in den meisten Fällen nicht erfüllt werden können.

---

[18] Vgl. www.tagesschau.de
[19] Vgl. www.publiceye.de
[20] Vgl. www.kmu.kompass-nachhaltigkeit.de
[21] Vgl. www.suedwind-institut.de S.1

Wenn das Produktionsziel nicht erreicht werde, würde mit Konsequenzen bestraft werden. So haben Arbeiter ohne Toiletten und Ventilatoren arbeiten müssen. Aus dem Grund machen 69 Prozent der TextilarbeiterInnen regelmäßig Überstunden, davon seien 37 Prozent erzwungen. Das bedeute, dass bis zu 6 Überstunden am Tag gemacht werden. Wer die Überstunden verweigere, dürfe in Zukunft auch keine mehr verrichten. Dies stelle ein großes Problem dar, da Überstunden häufig für die Existenz notwendig seien, um genug Geld zum Überleben zu verdienen. Oder wer sie verweigere, müsse die Arbeit am nächsten Tag erledigen und manchmal auch die von einer fehlenden Kollegin. Auch sei von Fällen bekannt, wo ArbeiterInnen, die keine Überstunden haben machen wollen, das Fabrikgeländer haben putzen müssen. Dennoch würde ein Großteil der Überstunden nicht bezahlt werden. So sei von fast 600.000 unbezahlten Überstunden bekannt.[22]

3.2 Das soziale Leben und die Bildungssituation

In der Textilindustrie sind über 1.2 Millionen TextilarbeiterInnen beschäftigt. Davon sind 70 Prozent Frauen und viele von ihnen sind unter 29 Jahren oder sogar minderjährig. Sie stammen meist aus ländlichen Gegenden. Ihre Familien auf dem Land brauchen zusätzliches Einkommen zum Überleben, weshalb die TextilarbeiterInnen einen großen Teil ihres Lohnes nach Hause schicken. Außerdem schützt ihr Beruf die Arbeiterinnen vor einer arrangierten Heirat. Auch verbessert es den Status in ihrer Familie, da sie neue Erfahrungen sammeln und zum Familienverdienst beitragen. Allerdings verbessert sich die Lebenssituation einiger Frauen nicht und sie haben keine Aufstiegsmöglichkeit, weshalb manche Frauen den Arbeitsmarkt wieder verlassen. Dadurch kann keine langfristige Integration in die Arbeitswelt stattfinden.[23] Die Kinder der Textilarbeiterinnen bleiben meist auf dem Land bei den Großelter, was dazu führt, dass es nur wenige Möglichkeiten gibt, ihr Kind zu besuchen. Die Familie muss weiterhin finanziell unterstützt werden. Die Frauen sehen ihr Kind deshalb nur ein- bis zweimal im Jahr.[24]

Die ArbeiterInnen sind häufig in Sammelunterkünften untergebracht, nahe der Fabriken. Mit Schlafsälen für jeweils über 20 Menschen, sind diese zu klein. Dazu gibt es nicht genügend Sanitäre Anlagen. Auch teilen sich die

---

[22] Vgl. www.suedwind-institut.de S.10
[23] Vgl. www.suedwind-institut.de S.6
[24] Vgl. www.suedwind-institut.de S.6

Menschen einen Baderaum mit 20 weiteren Personen, was äußerst unhygienisch ist. Eine andere Unterbringungsmöglichkeit sind gemietete Holzhütten. Diese haben aber weder Wasser noch Strom und befinden sich in der Nähe von Müllhalden. Ein weiteres großes Problem ist die sexuelle Belästigung in den Fabriken, in der Wohnumgebung und auf dem Arbeitsweg. Circa 85 Prozent der Frauen sind schon mal Opfer von sexueller Belästigung geworden. Die Arbeitgeber und die Polizei kümmert sich um diese Vorfälle kaum. Es werden sogar wiederholt Neugeborene auf den Werkstoiletten der Fabriken aufgefunden.

Dadurch haben die Arbeiterinnen immer Angst und haben keinen Schutz vor Übergriffen.[25] Zudem erfahren die Frauen neben den Diskriminierungen auch Gewalt. 38 Prozent werden angeschrien oder beschimpft. Teilweise werden sie auch körperlich angegriffen, indem sie gekniffen oder mit Schuhen beworfen werden. Schwangere werden ebenfalls schlecht behandelt. Sie müssen zum Beispiel wie die anderen ArbeiterInnen stehen, was zu Komplikationen bei der Geburt führen kann. Des Weiteren werden schwangere Frauen häufig einfach so gekündigt, was gegen den Verhaltenskodex ist.[26]

Eine Arbeiterin hat folgende Erlebnisse geschildert: In der Fabrik, wo sie arbeite, seien ihnen die Stühle aus finanziellen Gründen weggenommen worden sein. Die Frauen seien um ihre Gesundheit besorgt gewesen, besonders von den der schwangeren Mitarbeiterinnen. Aus dem Grund hätten sie sich zusammengetan und wollten sich bei der Fabrikleitung beschweren. Aber anstatt angehört zu werden, hätten sie nur etliche Verwarnungen bekommen. Schließlich seien alle entlassen worden und hätten Anklage beim Arbeitsgericht von Jakarta erhoben. Sie hätten vor Gericht verloren, weil die Textilfabrik zu stark gewesen sei. Nach der Anklage habe die Fabrik viele ArbeiterInnen gekündigt und stelle nur noch Befristete ein.[27]

Die Bildungssituation der TextilarbeiterInnen ist nicht sonderlich gut. Ein Großteil von ihnen hat gerade mal die Grundschulausbildung. Die Armut der Familie verhindert ein Studium oder eine Ausbildung, um einen besseren

---

[25] Vgl. www.suedwind-institut.de S.7
[26] Vgl. www.suedwind-institut.de S.36
[27] Vgl. www.suedwind-institut.de S.17

Beruf ausüben zu können. Denn weil viele ArbeiterInnen selber Geld verdienen müssen, bleibt keine Zeit für mehr Bildung. Nach der Wirtschafts- und Finanzkrise 2008 hat die Situation besonders kritisch ausgesehen. Viele Mädchen zum Beispiel, hatten ihre Sekundarausbildung nicht abschließen können, da sie Geld für ihre Familie hatten einbringen müssen.[28]

3.3 Die gesundheitlichen Umstände der TextilarbeiterInnen

Die schlechte Ernährungssituation und die erschöpfende Arbeit machen sehr anfällig für Krankheiten, was dazu führt, dass 80 Prozent der ArbeiterInnen gesundheitliche Probleme haben. Durch die schlechte Luft in den Fabriken kommt es zu Atemwegserkrankungen und aufgrund des kaum vorhandenen Gehörschutzes leiden einige an Schwerhörigkeit. Depression betrifft die Arbeitnehmer auch häufig, weil ihre Lebenssituation so schlecht ist und sie keinen Ausweg daraus sehen. In den Fabriken gibt es nur wenige Pausen, weswegen sie mit großem Durst weiterarbeiten. Außerdem kommt es oft zu Verletzungen. Die großen Maschinen sind gefährlich und darum verletzen sich viele durch große Nadeln und klemmen sich Körperteile ein, was zu Quetschungen führt. Da es nur 2 bis 4 Ärzte für mehr als 80.000 Arbeiter gibt, würden die Betroffenen lange auf eine Behandlung warten müssen. Deshalb gehen sie meist zu Gesundheitsstationen außerhalb der Fabrik. Gewisse Zulieferer vefügen nicht einmal über eine Krankenstation.[29]

Insgesamt sind die sanitären Anlagen unzureichend, es gibt zu wenige Toiletten und die Hygienemängel in den Werkskantinen sind erschreckend, weil schon Würmer im Essen gefunden wurden. Bei schwerwiegenden Verletzungen und Krankheiten müssen die TextilarbeiterInnen die Operation selber bezahlen. Obendrein verfügen sie über keine Arbeitslosenversicherung. Die Arbeiter haben auch ein Recht auf eine Abfindung nach der Kündigung, aber zweidrittel bekommen trotzdem keine. Und bei befristeten Verträgen gibt es gar keine Abfindung. Staatliche Alterssicherung sind in den indonesischen Textilfabriken nicht vorhanden. Das Gesetz schreibt sie vor, aber niemand setzt sie um. Aus diesem Grund ist die Altersvorsorge unzureichend oder nicht vorhanden. Wenn die Menschen in Indonesien zu alt für ihre Arbeit sind, müssen sie Müll sammeln für ihren Lebensunterhalt. TextilarbeiterInnen können schon mit 45 Jahren nicht mehr arbeiten, aufgrund ihrer schlechten

---

[28] Vgl. www.suedwind-institut.de S.7
[29] Vgl. www.suedwind-institut.de S.8

Gesundheit. Nach ihrer Arbeit leben sie in noch größerer Armut und es gibt auch keinerlei staatliche Unterstützung.[30]

Ein weiteres großes Risiko für die TextilarbeiterInnen in Indonesien ist die Sandstrahltechnik. Dabei wird mit viel Druck Sand auf den Jeansstoff gestrahlt. Dadurch wird erreicht, dass das Material ausgebleicht und aufgeweicht wird. Diese Methode ist präziser als andere und zudem auch noch günstig. Das Problem ist dennoch, dass der Sand viel Quarz enthält und das der Gesundheit schadet. Aufgrund der Sandstrahltechnik kommt es häufig zur Lungenkrankheit Silikose, da zu viel Quarzsand eingeatmet wird. Sie ist unheilbar und verläuft auch noch weiter, wenn kein Sand mehr eingeatmet wird. Normalerweise tritt sie im Bergbau auf und es dauert dort meist Jahrzehnte, bis die Krankheit auftritt. Die Textilarbeiter bekommen Silikose schon nach 6 Monaten, aufgrund des hohen Quarzgehaltes im Sand.[31] Sie kann zum Tode führen und zur Heilung muss man eine Lungentransplantation durchführen. Auch Lungenkrebs kann eine Spätfolge sein.[32] Trotz Verbote in Ländern wie der Türkei wird weitergestrahlt. Außerdem wissen die Arbeitnehmer meist nichts von den hohen Risiken.[33] Zugleich müsste eine Entschädigung gezalt werden, wenn Menschen aufgrund ihres Berufes daran erkranken, daran wird sich aber nicht gehalten.[34]

3.4 Die wirtschaftliche und gesetzliche Situation

Da Strom und Energie in Indonesien sehr günstig ist und es niedrige Lohnkosten gibt, wächst die Exportindustrie seit 1980. Allerdings gibt es viel Konkurrenz von anderen Ländern (z.B. China) und Indonesien hat häufig veraltete Maschinen, wodurch die Qualität und Produktivität nicht so gut ist. Viele Textilfabriken sind deswegen pleite gegangen und durch die Weltwirtschaftskrise 2008 sind 150.000 bis 200.000 ArbeiterInnen entlassen worden.[35]

---

[30] Vgl. www.suedwind-institut.de S.9, S.12
[31] Vgl. www.cleanclothes.at
[32] Vgl. www.flexikon.doccheck.com
[33] Vgl. www.publiceye.ch
[34] Vgl. www.flexikon.doccheck.com
[35] Vgl. www.suedwind-institut.de S. 13, S.14

Allerdings hat es im Jahre 2013 einen Aufschwung für Indonesien gegeben. Nach dem Einsturz des Rana Plaza Gebäudes haben die Firmen Angst um ihren Ruf und wollen aus dem Grund in anderen Ländern produzieren. Indonesien hat bessere Standards und ist stabiler als Bangladesch. Dementsprechend möchte der Staat mehr Textilindustrie haben.[36]

Obwohl die Wirtschaft der Textilindustrie sich erholt hat, gibt es noch immer viele Probleme. Die Verletzungen der Menschenrechte und das Ausschalten von Oppositionen ist zwar nach dem Rücktritt des damals regierenden Politikers Suharto besser geworden[37], aber Textilarbeiter fühlen sich noch immer unsicher am Arbeitsplatz, weil die Gefahr besteht, in die Kontraktarbeit zu rutschen und somit keinen beständigen Arbeitgeber mehr zu haben. Denn gesetzlich ist die Zeitarbeit und befristete Arbeiter erlaubt. Diese Art wird auch immer mehr genutzt, 50 Prozent arbeiten auf Zeit. Dies hat aber gravierende Nachteile für die Arbeitnehmer. Sie verdienen weniger als fest angestellte Kollegen und wenn sie krank sind, bekommen sie kein Geld. Auch können sie ohne Abfindung entlassen werden und selbst die Bedingungen sind schlechter als die der Festangestellten. Das führt dazu, dass die Festangestellten sich nicht beschweren, da sie Angst vor einer Kündigung haben. Viele Indonesier wissen zudem nicht einmal, ob sie befristet oder unbefristet angestellt sind.[38]

Die gesetzliche Situation des „indonesischen Arbeitsrecht für Schutz der Arbeiter" hat sich seit dem Jahr 2000 stark verändert. Denn ab dem Anfang von 2000 sind zwei neue Gesetze eingeführt worden. Zum einen das „Gewerkschaftsgesetz". Dieses besagt, dass Gemeinschaften gebildet werden dürfen und Streiks erlaubt sind. Durch das zweite Gesetz, das „Arbeitskraftgesetz" müssen die Arbeiter ihr Einverständnis für Überstunden geben und es wird Mindestlohn gezahlt. Der Nachteil an diesem Gesetz ist allerdings, dass die Zeitarbeit legalisiert wird.[39]

Dennoch wird diese neuen Regelungen nicht ausreichend umgesetzt oder kontrolliert. Die Arbeiter können von dem Mindestlohn trotzdem nicht vernünftig leben und unter schlimmen Zuständen arbeiten müssen.[40]

---

[36] Vgl. www.ag-friedensforschung.de
[37] Vgl. www.wikipedia.org
[38] Vgl. www.suedwind-institut.de S. 15, S.16
[39] Vgl. www.suedwind-institut.de S.18
[40] Vgl. www.suedwind-institut.de S.19

4. Organisationen, die sich für die Textilarbeiter einsetzen

Das Ziel 12 „Verantwortungsvoller Konsum" des Bundesministeriums für wirtschaftliche Zusammenarbeit und Entwicklung (BMZ) setzt sich unter anderem mit der Textilproduktion auseinander. Es wird gefordert, dass die Konsumgewohnheiten und Produktionstechniken umgestellt werden. Auch die Umwelt- und Sozialstandards in den Textilfabriken soll verändert werden. Menschenwürdige Arbeitsbedingungen ist ein weiteres wichtiges Thema, was das BMZ behandelt. Daraus ist das Bündnis für nachhaltige Textilien entstanden.[41]

Viele Nichtregierungsorgansiationen (NGO) setzen sich für das Thema ein. Eine der NGOs ist Oxfam. Oxfam fordert, dass große Unternehmen wie H&M ihre Einkaufs- und Arbeitsregelungen ändern und wollen mehr Transparenz in der Textilbranche. Es soll auch Arbeitsrechte in Unternehmen geben und Gerechtigkeit geschaffen werden, damit es Ausbeutungen und menschenunwürdige Arbeitsbedingungen nicht mehr gibt. Der Pestizid-Aktions-Netzwerk e. V. (PAN), die Fair Wear Foundation (FWF) und die Kampagne für saubere Kleidung (CCC) sind weitere Organisationen, die sich mit der Produktion der Textilien beschäftigen.

PAN beschäftigt sich mit dem Anbau und der Nutzung von biologischer Baumwolle und versucht, mit Unternehmen, Organisationen und Verbänden zu kooperieren. Außerdem versuchen sie, mehr Menschen auf das Thema Baumwolle aufmerksam zu machen. Die FWF setzt sich für faire Arbeitsbedingungen in der Textilindustrie ein und arbeitet mit Kooperationspartnern auf der ganzen Welt zusammen. Die CCC möchte ebenfalls eine Verbesserung der Arbeitsbedingungen und existiert mittlerweile in 12 europäischen Ländern.[42] Auch ist

die CCC gegen die Sandstrahltechnik und fordert das Verbot dieses Verfahrens.[43] Die internationale Arbeitsorganisation (ILO) hat gewisse Kernarbeitsnormen entwickelt, die die Firmen beachten sollen. Sie fordern ein Verbot von Zwangs- noch Kinderarbeit, keine Diskrimination von Frauen und Vereinigungsfreiheit. Auch soll der Arbeitsschutz und die Verhältnisse verbessert werden und es soll feste Arbeitszeiten geben.[44]

---

[41] Vgl. www.bmz.de

[42] Vgl. www.modeaffaire.de

[43] Vgl. www.saubere-kleidung.de

[44] Vgl. www.buygoodstuff.de

5. Was Verbraucher tun können

Als Konsument hat man großen Einfluss auf die Industrie. Dementsprechend kann man ohne großen Aufwand viel verändern. Es ist wichtig, dass sich jeder mit der Textilindustrie auseinandersetzt, aufgrund der sehr schlechten Bedingungen vor Ort. Am Wichtigsten ist die Aufklärung über das Thema, damit die Schwierigkeiten erkannt werden und selber gehandelt werden kann. Häufig wird gedacht, dass man alleine nicht viel ausrichten kann, aber das stimmt nicht. Jeder kann einen Teil dazu beitragen, damit sich die Situation verändert. Hierzu gibt es verschiedenste Möglichkeiten. Es reicht schon, klein anzufangen, ohne Geld oder viel Zeit aufzuwenden.

Das größte Problem bei der Textilindustrie ist unser Konsumverhalten. Dieses hat sich auch nach dem Unglück in Rana Plaza nicht verändert.[45] Wir leben weiterhin in einer Wegwerfgesellschaft, wo es nur darum geht, den „Trends" zu folgen und ständig neue Kleidung zu kaufen. Aufgrund dessen müssen die Textilfabriken in kürzester Zeit viel produzieren und die ArbeiterInnen werden hohem Druck ausgesetzt. Würde man sein Konsumverhalten etwas einschränken, könnte dafür gesorgt werden, dass weniger Kleidung nachträglich hergestellt werden müsste.

Um dies zu tun, könnte man versuchen, seine Kleidung länger zu tragen. Daher kann es helfen, sich Dinge zu kaufen, die nicht zu ausgefallen sind, um sie länger zu mögen und zu mehr Situationen anziehen zu können. Kleidung von seinen Freunden auszuleihen oder zu tauschen, ist auch eine gute Möglichkeit. Damit hätte man wieder Abwechslung im Kleiderschrank, ohne etwas Neues gekauft zu haben

oder Geld ausgegeben zu haben. Ebenfalls eine Möglichkeit ist auch das Einkaufen in Second-Hand Läden. Man kann das sogar im Internet machen, wie beispielsweise auf Seiten wie www.kleiderkreisel.de. Die Kleidungsstücke sind dort meist in einem sehr guten Zustand erhalten und fast wie neu. Die Personen, die die Stücke verkaufen, müssen sie nicht wegwerfen und als Konsument verwertet man sie erneut. So ist es zudem empfehlenswert, seine nicht mehr gewollte Kleidung auch auf solchen Websites hochzuladen oder sie zumindest zu spenden.

Desgleichen ist es wichtig, sich über die Produktionsbedingungen zu informieren und zu schauen, wie die Lieblingsmarke Kleidung eigentlich herstellt. Selbst teure Kleidungsstücke können unter menschenunwürdigen Bedingungen hergestellt werden und billig heißt somit nicht direkt schlecht.

---

[45] Vgl. www.boell.de

Hilfreich ist es zu schauen, welche Firmen das Brandschutzabkommen unterschrieben haben. Sie setzen sich für bessere Bedingungen in den Fabriken ein. Dazu gehören Marken, wie beispielsweise H&M, Tchibo oder Calvin Klein.[46] Diese kennt fast jeder, dementsprechend muss man sein Kaufverhalten nicht komplett umstellen, weil man immer noch bei gewohnten Läden einkaufen kann.

Um mehr Leute auf das Thema aufmerksam zu machen, eignet es sich, seinen Freunden und der Familie zu erklären, von welcher Bedeutung das Thema Konsumverhalten und Textilindustrie ist. Zusätzlich kann man auch soziale Netzwerke benutzen oder einen eigenen, kostenlosen Blog schreiben. Denn zusammen kann man Petitionen starten oder Protestmails an Firmen schreiben. Darüber hinaus kann man in die zahlreichen Organisationen eintreten und dort mitwirken. Mit den Vorsitzenden solcher Organisationen könnte man sich in Verbindung setzen und seine Informationsquellen erweitern und sich noch mehr über das Thema informieren. Auch ist es möglich, politische Parteien zu wählen, die sich für mehr Nachhaltigkeit einsetzen, wie z.B. die Grünen.

Es gibt auch Siegel, die Kleidungsstücke kennzeichnen, die unter fairen Bedingungen produziert wurden. Diese wären beispielsweise

„Fairtrade Cotton", „Fair Wear Foundation" und „GOTS" (Global Organic Textile Standard).[47] Falls man bereit ist, etwas mehr Geld für Nachhaltigkeit auszugeben, kann man Kleidung kaufen, wo die Firmen ihren ArbeiterInnen existenzsichernde Löhne zahlen.

Allerdings sollte man dabei beachten, dass nur der komplette Verzicht auf bestimmte Marken nichts bringt. Denn die TextilarbeiterInnen in Indonesien leben von dem Geld, was man durch den Kauf solcher Produkte ausgibt. Würde niemand mehr diese Kleidung kaufen, könnte es passieren, dass die Menschen dort ihre überlebenswichtige Arbeit verlieren. Deswegen ist es besser zu versuchen, etwas nachhaltig bei den Firmen zu ändern und die allgemeine Bevölkerung über die Situation genügend aufzuklären. Denn wie die Arbeitnehmer in solchen armen Ländern leben, wird häufig verschwiegen oder die Firmen erzählen nichts Wahres. Außerdem braucht der

---

[46] Vgl. www.saubere-kleidung.de
[47] Vgl. www.buygoodstuff.de

gesamte Prozess Zeit. Aus dem Grund sollte man frühzeitig versuchen etwas zu verändern, damit es den Menschen in Indonesien und auch in anderen Ländern besser geht.

6. Was Firmen verändern sollten

Für eine gelingende Veränderung ist es nötig, dass die Firmen auch etwas ändern. Konsumenten brauchen mehr Transparenz, wenn sie Kleidung einkaufen gehen, damit sie wissen, unter welchen Umständen sie produziert wird.

Die Transportwege, eine Liste der Produktionsorte und auch die Zulieferer sollten auf den Websites der Marken aufgezeigt werden. Dadurch kann man sofort sehen, wo und wie die Kleidung transportiert wird. Genauso sollte man auf der Internetseite die Arbeitsbedingungen in der Fabrik finden können. Den Käufern sollte es einfach gemacht werden, zu überprüfen, unter welchen Standards die Kleidung hergestellt wird. Mitarbeiter sollten zudem auch besser informiert werden, für den Fall, dass Kunden Fragen zu den Bedingungen in den Fabriken haben. Die Firma könnte gleichzeitig damit werben, auf welche Kriterien sie Wert legt und was sie in den nächsten Jahren noch erreichen oder ändern möchte. Dies würde auch Kunden anlocken und

der Konzern würde mehr Geld verdienen. Die Menschen werden immer umweltbewusster und somit haben sie Interesse daran, faire Kleidung zu kaufen.

Falls sich ein paar bekannte Firmen darauf einlassen würden, würden viele weitere Marken mitziehen. Dann würde ein Konkurrenzkampf daraus entstehen, wer unter besseren Bedingungen seine Kleidung herstellt und die Situation der Textilarbeiter würde sich langsam anfangen zu bessern. Das Problem ist nur, dass vielen Firmen nur ihr Profit wichtig ist und deswegen muss man als Konsument mit den oben aufgeführten Punkten die Firmen versuchen zu überzeugen.

7. Fazit

Abschließend lässt sich sagen, dass die Lebens- und Arbeitsbedingungen der TextilarbeiterInnen in Indonesien sehr schlecht sind. Sie müssen jeden Tag bis zur Erschöpfung arbeiten und erfüllen dennoch nicht die Anforderungen. Dazu kommt noch der sehr geringe Lohn, der nicht einmal zum Überleben ausreicht. Sie müssen viele unbezahlte Überstunden machen und können ihre Kinder nur selten sehen. Die Arbeitnehmer können ihren Beruf auch nicht kündigen, da sie sonst überhaupt kein Geld für ihre Familie verdienen können und es sehr schwer wäre, eine neue Tätigkeit zu finden, die besser bezahlt wird. Sie besitzen keine hohe Schulbildung und bleiben dementsprechend in diesem Kreislauf, ohne wirklich etwas daran ändern zu können.

Der Einsturz des Rana Plaza Gebäudes 2013 hat für viele Unruhen gesorgt. Die Menschen wurden kurz aufmerksam und endlich wurden ein paar Veränderungen vorgenommen. Doch Bangladesch verlor an Beliebtheit aufgrund des Zusammenbruchs und Indonesien wurde für die Industrieländer sehr interessant. Durch diesen Zuwachs gibt es zwar mehr Jobangebote, aber es entsteht viel Druck für die ArbeiterInnen. Sie müssten dann noch mehr arbeiten.

Weil sich das Problem in naher Zukunft nicht auflösen wird, sollte man sich jetzt schon engagieren. Das geht auch ohne Kosten und ohne Aufwand. Durch diesen Ansatz kann man internationale Marken zur Änderung motivieren.

In ein paar Jahren könnte es schließlich passieren, dass das Ziel 17 der Agenda 2030 „verantwortungsvoller Konsum" erreicht wird und man die schlimmen Umstände der TextilarbeiterInnen in Indonesien Stück für Stück verbessern kann.

Literaturverzeichnis

http://www.ag-friedensforschung.de/regionen/Bangladesch/indones.html (36)

https://www.bmz.de/webapps/textil/#/de (41)

https://www.boell.de/de/2016/02/15/die-zustaende-im-textilsektor-bangladeschs-drei-jahre-nach-rana-plaza (45)

https://buygoodstuff.de/all-about-eco/erste-schritte (44)

https://buygoodstuff.de/all-about-eco/siegel-und-standards (47)

http://www.cleanclothes.at/media/common/uploads/download/hintergrundinformatio nen-zum-sandstrahlen/Hintergrundinformationen%20zum%20Sandstrahlen_101129.pdf (31)

http://flexikon.doccheck.com/de/Silikose (32,34)

http://kmu.kompass-nachhaltigkeit.de/?id=53 (20)

http://www.modeaffaire.de/ratgeber/organisationen/ (42)

https://www.publiceye.ch/de/kampagnen-aktionen/eilaktionen/rana-plaza-fabrikeinsturz-in-bangladesch/ (1,3,8,10,13)

https://www.publiceye.ch/de/themen-hintergruende/konsum/mode/gebaeudesicherheit-in-bangladesch/ (14)

https://www.publiceye.ch/de/themen-hintergruende/konsum/mode/sandstrahlen-toe liche-gefahr-bei-jeansproduktion/ (33)

http://www.saubere-kleidung.de/index.php/kampagnen-a-themen/fabrikungluecke/312-pm-unternehmen-unterzeichnen-brandschutzabkommen (46)

http://www.spiegel.de/wirtschaft/unternehmen/rana-plaza-einsturz-keine-textilfabrik in-bangladesch-ist-sicher-a-1030311.html (15) https://www.suedwind-institut.de/fileadmin/fuerSuedwind/Publikationen/2012/2012-39_Arbeitsrechtsverstoesse_in_Indonesien._Was_koennen_Investoren_tun_Download.pdf S.1 (21)

https://www.suedwind-institut.de/fileadmin/fuerSuedwind/Publikationen/2012/2012-39_Arbeitsrechtsverstoesse_in_Indonesien._Was_koennen_Investoren_tun_Download.pdf S.10 (22)

https://www.suedwind-institut.de/fileadmin/fuerSuedwind/Publikationen/2012/2012-39_Arbeitsrechtsverstoesse_in_Indonesien._Was_koennen_Investoren_tun_Download.pdf S.6 (23,24)

https://www.suedwind-institut.de/fileadmin/fuerSuedwind/Publikationen/2012/2012-39_Arbeitsrechtsverstoesse_in_Indonesien._Was_koennen_Investoren_tun_Download.pdf S.7 (25,28)

https://www.suedwind-institut.de/fileadmin/fuerSuedwind/Publikationen/2012/2012-39_Arbeitsrechtsverstoesse_in_Indonesien._Was_koennen_Investoren_tun_Download.pdf S.36 (26)

https://www.suedwind-institut.de/fileadmin/fuerSuedwind/Publikationen/2012/2012-39_Arbeitsrechtsverstoesse_in_Indonesien._Was_koennen_Investoren_tun_Download.pdf S.17 (27)

https://www.suedwind-institut.de/fileadmin/fuerSuedwind/Publikationen/2012/2012-39_Arbeitsrechtsverstoesse_in_Indonesien._Was_koennen_Investoren_tun_Download.pdf S.8 (29)

https://www.suedwind-institut.de/fileadmin/fuerSuedwind/Publikationen/2012/2012-39_Arbeitsrechtsverstoesse_in_Indonesien._Was_koennen_Investoren_tun_Download.pdf S. 9, 12 (30)

https://www.suedwind-institut.de/fileadmin/fuerSuedwind/Publikationen/2012/2012-39_Arbeitsrechtsverstoesse_in_Indonesien._Was_koennen_Investoren_tun_Download.pdf S. 13, 14 (35)

https://www.suedwind-institut.de/fileadmin/fuerSuedwind/Publikationen/2012/2012-39_Arbeitsrechtsverstoesse_in_Indonesien._Was_koennen_Investoren_tun_Download.pdf S.15, 16 (38)

https://www.suedwind-institut.de/fileadmin/fuerSuedwind/Publikationen/2012/2012-39_Arbeitsrechtsverstoesse_in_Indonesien._Was_koennen_Investoren_tun_Download.pdf S.18 (39)

https://www.tagesschau.de/ausland/rana-plaza-101.html (18)

http://www.taz.de/!5053677/ (17)

https://de.wikipedia.org/wiki/Geb%C3%A4udeeinsturz_in_Sabhar (2,4,6,16)

https://de.wikipedia.org/wiki/Suharto (37)

https://www.youtube.com/watch?v=-6mnRzxJ2LQ (5,9,11)

http://www.zeit.de/gesellschaft/zeitgeschehen/2015-06/bangladesch-textilfabrik-ein
sturz-mordanklage (7,12)

Bilderverzeichnis:

http://www.spiegel.de/wirtschaft/soziales/bild-900618-437341.html